Helma Rossow

Schnelle Weihnachts-Karten

Neue Ideen aus Papier und mehr

Ihre Grundausstattung

Diese Materialien und Hilfsmittel werden für die meisten Karten benötigt. Sie sollten sie zur Hand haben, denn sie werden in den einzelnen Materiallisten nicht extra aufgeführt.

- Transparentpapier und dünne Pappe für Schablonen
- Weißes Papier für die Einlegeblätter
- Abstandsband und Abstandspads
- Cutter mit Schneideunterlage
- Silhouettenschere
- Bleistift und Radiergummi
- Büroklammern zum Fixieren
- Pinzette zum Fassen von Kleinteilen
- Klebstoff, z.B. UHU Flinke Flasche
- Klebefilm
- Gelstift: golden, silbern
- Nähnadel und Faden

Tipp

Die Karten sind aus geprägtem Künstlerkarton und Feinwellpappe gefertigt. Sollten Sie diese nicht erhalten, können Sie auch nicht zu dicken Tonkarton (220 g/qm) und normale Wellpappe verwenden. Dann aber benutzen Sie zum Schneiden einen Cutter.

Hinweis

Die Vorlagen für die Grundformen der Karte finden Sie auf dem Vorlagenbogen 1A. Dieser wird bei den einzelnen Karten nicht noch einmal erwähnt.

Fotos: frechverlag GmbH, 70499 Stuttgart; Fotostudio Ullrich & Co., Renningen

Dieses Buch enthält: 2 Vorlagenbogen

Materialangaben und Arbeitshinweise in diesem Buch wurden von der Autorin und den Mitarbeitern des Verlags sorgfältig geprüft. Eine Garantie wird jedoch nicht übernommen. Autorin und Verlag können für eventuell auftretende Fehler oder Schäden nicht haftbar gemacht werden. Das Werk und die darin gezeigten Modelle sind urheberrechtlich geschützt. Die Vervielfältigung und Verbreitung ist, außer für private, nicht kommerzielle Zwecke, untersagt und wird zivil- und strafrechtlich verfolgt. Dies gilt insbesondere für eine Verbreitung des Werkes durch Film, Funk und Fernsehen, Fotokopien oder Videoaufzeichnungen sowie für eine gewerbliche Nutzung der gezeigten Modelle.

Auflage: 5. 4. 3. 2. 1. | Letzte Zahlen
Jahr: 2007 2006 2005 2004 2003 | maßgebend

© 2003

frechverlag GmbH, 70499 Stuttgart

ISBN 3-7724-3187-9 · Best.-Nr. 3187

Druck: frechdruck GmbH, 70499 Stuttgart

Selbst gebastelte Karten

erfreuen sich gerade in der Weihnachtszeit großer Beliebtheit, ist es doch in unserer hektischen Zeit schön, einmal innezuhalten, selber kreativ zu werden und Freunden und Verwandten auf ganz persönliche Art „Fröhliche Weihnachten" zu wünschen.

Meine Karten bestechen durch schlichte grafische Formen und Muster und interessante Farbkombinationen. Alles ist dabei: Edles in Pastell, Rustikales in klassischem Rot-Grün, Kühles in Blautönen, Farbenfohes in Rot-Orange und vieles mehr.
Die Karten sind vielfältig gestaltet: Raffiniert gefaltet mit Transparentpapier oder mehrfarbig in der Puzzle-Technik, ganz natürlich mit Naturpapieren und Filz oder bedruckt mit stimmungsvollen Texten und Grüßen. Hier ist für jeden das Passende dabei!

Bevor Sie gleich losbasteln, sollten Sie sich noch einen Moment nehmen und die nachfolgenden zwei Seiten mit Schritt-für-Schritt-Beschreibungen und nützlichen Tipps und Tricks lesen. Dann gelingen die Karten garantiert auf Anhieb!

Ich wünsche Ihnen eine fröhliche Vorweihnachtszeit und viel Spaß beim Verschicken Ihrer selber gebastelten festlichen Grüße

Ihre

Helma Rossow

So geht's ...

... Schablonen anfertigen

Fertigen Sie sich eine Schablone der Grundform an. Dazu das gewünschte Motiv vom Vorlagenbogen auf Transparentpapier übertragen. Dieses auf eine dünne Pappe kleben und sauber ausschneiden. Fertig ist die Schablone, die Sie beliebig oft verwenden können!

... Karten zuschneiden

Grundsätzlich gilt: Erst falten, dann schneiden, nur so erhalten Sie eine absolut sauber geschnittene Klappkarte.
Falten Sie den Bogen an der Längsseite in der Breite der gewünschten Kartenform um und ziehen Sie den Falz mit dem Finger nach. Legen Sie nun Ihre Schablone an den Falz an und ziehen Sie die Linien mit dem Bleistift nach. Um ein Verrutschen zu vermeiden, fixieren Sie die Ränder mit Büroklammern. Schneiden Sie die Karte aus.

Einige Motive, z. B. die Ornamente auf Seite 1, werden ebenfalls doppelt geschnitten. Legen Sie auch hier die Schablone am Falz an und schneiden Sie das Motiv, welches sich dann plastisch aufklappen lässt, wie oben beschrieben aus.

... Puzzletechnik

Mit der Puzzle-Technik erzielen Sie verblüffende Effekte. Hierfür drei verschiedenfarbige Tonpapiere übereinander legen, die Ränder mit Büroklammern fixieren und das gewünschte Motiv ausschneiden. Für das jeweilige Muster werden die deckungsgleich übereinandergelegten Teile ohne Vorlage unregelmäßig frei Hand zerschnitten. Dann die einzelnen Teile mithilfe einer Pinzette und etwas Klebstoff auf einem weißen Papierstück zusammenfügen. Das gelingt besonders gut, wenn Sie sich zuvor das Motiv auf das Papier malen.
Das fertige Puzzle wird ausgeschnitten und auf die Karte platziert. Werden die Puzzleteile ohne Motiv direkt auf die Karte geklebt, muss kein Papier zusätzlich darunter geklebt werden.

... Faltsterne basteln

Nachdem Sie beliebig viele gleichseitige Dreiecke ausgeschnitten haben, wird gefaltet:
Legen Sie das Dreieck mit der Spitze nach oben vor sich. Nun wird die obere Spitze so nach innen gefaltet, dass diese genau auf die untere gerade Seite des Dreiecks trifft.

Die beiden anderen Spitzen des Dreiecks werden nacheinander darüber gelegt.

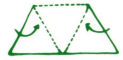

Nun haben Sie ein kleines Dreieck gefaltet, dessen Spitzen aufeinander liegen.

Biegen Sie nacheinander jede Spitze des Dreiecks so zurück, dass zwischen dem zuerst gelegten und dem zweiten Falz knapp 1 cm liegt. Nun liegen die drei abgebogenen Spitzen des Dreiecks so übereinander, dass die Sternform zu erkennen ist. Ziehen Sie die Falzlinien schön sauber mit den Fingerspitzen nach und drehen Sie den Stern um.

Fertig ist Ihr Faltstern, den Sie auch in verschiedenen Größen falten können, wenn Sie die Grundform Dreieck verkleinern oder vergrößern.

... Umschläge selber machen

Schablonen aus Kunststoff zum Gestalten von Umschlägen sind im Handel erhältlich. Hiermit lassen sich aus verschieden Papieren oder Folien individuelle Umschläge für Ihre Karten basteln.

Meine Tipps und Tricks

Tolle Effekte erzielen Sie, wenn Sie das benötigte Papier reißen statt zu schneiden. Auch geknüllt und vorsichtig wieder glattgestrichen, wirken einfache Papiere sehr effektvoll.

Kleine Gedichte und Texte lassen sich prima auf dem Computer erstellen.

Mit Klebstoff sollten Sie sparsam umgehen, oft reichen schon einige Tropfen. Verwenden Sie möglichst einen Klebstoff mit Lösungsmittel, wasserlöslicher Klebstoff lässt Ihre Karten wellig werden.

Legen Sie in Ihre fertige Karte ein Einlegeblatt hinein, dieses können Sie auch mit einer Kordel einbinden. Das Einlegeblatt wird in den Materiallisten nicht erwähnt.

Einzelne mit Abstandsband oder Abstandspads aufgeklebte Teile lassen Ihre Karten plastischer wirken. Einfach unter das Motivteil kleben, das Sie hervorheben wollen.

Ganz edel in Weiß

Weiße Karte mit Monden und Sternen

Knüllen Sie zunächst das gerissene Stück Faserseide und streichen Sie es vorsichtig wieder glatt. Kleben Sie das Papier auf die Karte. Nun werden die Monde mit Abstandsband etwas versetzt übereinander fixiert. Der weiße Mond erhält mit einem Gelstift vor dem Aufkleben eine silberne Kontur. Viele kleine und große Sterne, zum Teil mit Abstandspads hervorgehoben, werden neben dem Mond platziert.

Material
- Künstlerkarton, A4: weiß (Form E)
- Tonpapierrest: weiß, silbern
- Faserseiderest: weiß
- Motivlocher, klein und groß: Stern

Vorlagenbogen 1A

Weiße Karte mit goldenen Sternen

Bekleben Sie die Karte am Rand mit den ausgeschnittenen Dreiecken sowie dem großen Goldstern und den kleinen ausgestanzten Sternen. Der mittelgroße Stern wird mit etwas ausgerissenem Architektenpapier unterlegt. Bevor der weiße Stern mit Abstandsband fixiert wird, erhält er eine aufgemalte goldene Kontur.

Material
- Künstlerkarton, A4: weiß (Form C)
- Tonpapierrest: weiß, golden
- Architektenpapierrest
- Goldkordel, ø 3 mm, 50 cm lang
- Motivlocher, klein: Stern

Vorlagenbogen 1A

Weiße Karte mit kleinen Faltsternen

Reißen Sie zwei gleich große Stücke Transparentpapier zu und kleben Sie diese übereinander auf die Karte. Nun fertigen Sie vier Faltsterne an, beachten Sie dazu die Anleitung auf Seite 4/5. Die Faltsterne werden mit einem Gelstift umrandet und mit ausgestanzten goldenen Sternen beklebt. Zuletzt auf der Karte fixieren.

Material
- Künstlerkarton, A4: weiß (Form F)
- Tonpapierrest: weiß, golden
- Transparentpapier mit goldenen Sternen, A5
- Motivlocher, klein: Stern

Vorlagenbogen 1A

Loch an Loch

Rote Karte mit Stern

Beziehen Sie die gesamte Kartenvorderseite mit der geknüllten und vorsichtig wieder glatt gestrichen Faserseide. Überstehende Ränder werden nach dem Trocknen mit der Schere korrigiert. Mit etwas Klebefilm befestigen Sie den Naturbast und platzieren die beiden übereinander geklebten Sterne in die Kartenmitte.

Material
- Künstlerkarton, A4: rot (Form A)
- Faserseide mit Sternchen, A5: rot
- Wellpapperest: natur
- Lochkartonrest: golden
- Naturbast

Vorlagenbogen 1B

Material
- Künstlerkarton, A4: blau (Form C)
- Tonpapierrest: weiß
- Faserseide, A5: hellblau
- Lochkartonrest: golden
- Motivlocher, groß: Schneeflocke

Vorlagenbogen 1B

Blaue Karte mit Schneeflocken

Reißen Sie aus der Faserseide zwei etwa gleich große Stücke, zerknüllen Sie diese, streichen Sie sie vorsichtig wieder glatt und kleben Sie sie etwas versetzt übereinander auf die Karte. Fixieren Sie nun die glänzende Form in der Mitte sowie viele ausgestanzte Schneeflocken rundum.

Grüne Karte mit Glocken

Kleben Sie die grünen Rauten auf die Karte. Die Kordeln um die Glocken knoten und diese auf die Karte kleben. Einige ausgestanzte und aufgeklebte Silbersterne lassen die Karte festlich wirken.

Material
- Naturpapier, A4: grün (Form D)
- Tonpapier, A4: grün
- Tonpapierrest: silbern
- Lochkartonrest: silbern
- Silberkordel, ø 2 mm, 50 cm lang
- Motivlocher, klein: Stern

Vorlagenbogen 1B

Oh Tannenbaum

Längliche Karte mit Tannenwald

Reißen Sie drei weiße und zwei goldene Streifen (je ca. 22 cm x 3 cm) unregelmäßig aus. Kleben Sie die Streifen von oben nach unten so übereinander, dass die jeweils darüberliegende Farbe sichtbar ist. Die Ränder nach dem Trocknen begradigen und den Tannenwald aufsetzen.

Material
- Wellpappe, A4: natur (Form D)
- Tonpapier, A5: weiß, golden
- Tonpapierrest: grün

Vorlagenbogen 1B

Material
- Wellpappe, A4: natur (Form C)
- Tonpapierrest: golden
- Packpapierrest: natur
- Filzrest: dunkelgrün
- Chiffonband, 4 cm breit, 25 cm lang: orange
- 7 Glitzerperlen, ø 1 cm
- Motivlocher, klein: Stern

Vorlagenbogen 1B

Quadratische Karte mit Tanne

Bekleben Sie die Karte mit einem Stück in Form gerissenem Packpapier. Nun werden die Perlen auf das Band gezogen. Legen Sie das Band zum Kranz und fixieren Sie diesen in die Mitte der Karte. Platzieren Sie die Tanne aus Filz in der Kranzmitte und setzen Sie rundherum viele goldene Sterne.

Naturfarbene Karte mit Tanne im Quadrat

Setzen Sie die Tanne mit Abstandspads in die Mitte des Rahmens, der mit dem ausgerissenen Naturpapier auf die Karte geklebt wird. Mit der gebundenen Kordel wird diese schlichte Karte verziert.

Material
- Künstlerkarton, A4: creme (Form C)
- Wellpapperest: natur
- Naturpapierrest: natur
- Filzrest: dunkelgrün
- Paketkordel, ø 2 mm, 50 cm lang: natur

Vorlagenbogen 1B

Gedichte und Grüßworte

Weiße Karte
mit Gedicht und Sternen

Kopieren Sie ein Gedicht auf Packpapier, reißen Sie dieses in Form und fixieren Sie es auf dem ebenfalls ausgerissenen Naturpapier. Kleben Sie beides auf die Karte und nähen Sie die Knöpfe mit einigen Stichen fest. Verzieren Sie die Karte mit aufgeklebten Goldsternen.

Material
- Künstlerkarton, A4: weiß (Form D)
- Naturpapier, A5: rot
- Packpapierrest: natur
- Tonpapierrest: golden
- 2 Knöpfe, ø 2 cm, farblich passend
- Motivlocher, groß: Stern

Material
- Künstlerkarton, A4: blau (Form C)
- Tonpapierrest: hellblau, golden
- Wellpapperest: natur
- Architektenpapier, A5
- Motivlocher, groß: Schneeflocke

Vorlagenbogen 1B

Blaue Karte
mit Weihnachtsgruß

Kopieren oder drucken Sie den Gruß auf Tonpapier und kleben Sie dieses hinter den Ausschnitt des Rahmens. Reißen Sie das Architektenpapier in zwei etwa 10 cm x 10 cm große Stücke und kleben Sie es auf die Karte. Fixieren Sie den Weihnachtsgruß und setzen Sie einige Schneeflocken darum herum.

Graue Karte
mit Gedicht und Tanne

Kopieren Sie das Gedicht auf silbernes Papier, reißen Sie dieses in Form und kleben Sie es mit der ebenfalls ausgerissenen Faserseide auf die Karte. Nun wird die Tanne doppelt ausgeschnitten (siehe Seite 4), aneinandergeklebt und mit einigen ausgestanzten Sternen aufgeklebt.

Material
- Künstlerkarton, A5: grau (Form B)
- Tonpapierrest: silbern, blau
- Faserseiderest: weiß
- Motivlocher, klein: Stern

Vorlagenbogen 1B

Sanftes Pastell

Weiße Quadratkarte mit Stern

Schneiden Sie zunächst das Sizoflor mit der Schere frei Hand etwas unregelmäßig zu. Legen Sie die kleinen Quadrate gemäß der Abbildung auf einen kleinen Rest Tonpapier sternförmig übereinander. Wenn alles arrangiert ist, können Sie die Teile mit wenig Klebstoff auf dem Tonpapier fixieren, welches dann nicht mehr sichtbar ist. Der silberne Stern wird in der Mitte platziert und die Kordel um die Karte gebunden.

Material
- Künstlerkarton, A4: weiß (Form C)
- Tonpapierrest: silbern, mint
- 3D-Aluwellpappenrest: silbern
- Sizoflor: silbern
- Silberkordel, ø 2 mm, 50 cm lang

Vorlagenbogen 1B

Material
- Künstlerkarton, A4: weiß (Form E)
- Tonpapierrest: weiß, silbern
- Naturpapier, A5: hellblau
- dünne Silberkordel, 65 cm lang
- Motivlocher, klein: Stern und groß: Schneeflocke

Weiße Karte mit Schneeflocken

Kleben Sie das in Form gerissene Naturpapier auf und verteilen Sie viele Schneeflocken und Sterne auf der Karte. Mit der silbernen Kordel können Sie ein Einlegeblatt in der Karte fixieren.

Quadratkarte in Flieder

Reißen Sie zwei ca. 10 cm x 10 cm große Stücke Faserseide aus und kleben Sie diese auf die Karte. Wie Sie das herzförmige Blatt fertigen, erfahren Sie auf Seite 4 (Puzzle-Technik). Kleben Sie das fertige Blatt in die Kartenmitte und verzieren Sie diese mit vielen ausgestanzten Sternen.

(Anleitung Rosa Karte mit Kirche siehe Seite 16)

Material
- Künstlerkarton, A4: flieder (Form C)
- Tonpapierrest: dunkel- und hellviolett, silbern
- Faserseide, A5: weiß
- Motivlocher, klein: Stern

Vorlagenbogen 1B

Rosa Karte mit Kirche

(siehe auch Seite 14/15)

Reißen Sie zwei ca. 12 cm x 9 cm große Stücke Faserseide aus und kleben Sie diese übereinander auf die Karte. Nun können Sie die Kirche platzieren und viele Sterne, zum Teil mit Abstandspads, aufkleben.

Material
- Künstlerkarton, A5: rosa (Form B)
- Glanzkartonrest: silbern
- Tonpapierrest: weiß
- Faserseide, A5: weiß
- Motivlocher, klein: Stern

Vorlagenbogen 1B

Glockengeläut und Sternenschein

Blaue Karte mit Glocken

Kleben Sie jeweils die kleinere auf die größere Glocke und diese zusammen mit dem Juteband auf die Karte. Verteilen Sie viele ausgestanzte Sterne auf der Karte.

Material
- Künstlerkarton, A4: blau (Form C)
- Tonpapierrest: golden
- Wellpapperest: natur
- Juterest: blau
- Motivlocher, klein: Stern

Vorlagenbogen 1B

Material
- Künstlerkarton, A4: rot (Form C)
- Tonpapierrest: dunkelrot, lila
- Fotokartonrest: golden
- dünne Goldkordel, 40 cm lang
- Zackenschere

Vorlagenbogen 1B

Rote Quadratkarte mit Stern

Gestalten Sie die Kartenvorderseite wie auf Seite 4 (Puzzletechnik) beschrieben. Platzieren Sie die beiden Goldsterne übereinander in die Kartenmitte, wobei der obere Stern mit etwas Abstandsband unterlegt ist. Binden Sie eine Goldkordel um die Kartenmitte, diese kann ein Einlegeblatt halten.

Edel geprägt

Orangefarbene Karte mit Ornamenten

Schneiden Sie mit der Zackenschere das Tonpapier (18 cm x 7 cm) zu und kleben Sie es wie abgebildet auf die Karte. Legen Sie die ausgeschnittenen Metallfolienteile mit der Oberseite nach unten auf eine weiche Unterlage und prägen Sie ohne Vorlage ein einfaches Tupfenmuster ein. Stechen Sie mit der Schere ein Loch in jedes Metallteil, binden Sie etwas Bast zur Schleife herum und fixieren Sie die Ornamente mit Abstandspads auf der Karte. Zuletzt werden auf den Tonpapieruntergrund mit einem Gelstift goldene Spiralen gemalt.

Material
- Naturpapier, A4: orange (Form D)
- Metallfolienrest: golden
- Tonpapier, A5: dunkelrot
- Naturbast
- Prägestift
- Handtuch oder andere weiche Unterlage
- Zackenschere

Vorlagenbogen 1B

Material
- Künstlerkarton, A4: blau (Form D)
- Tonpapier, A4: zwei Blautöne
- Fotokartonrest: silbern
- 3D-Aluwellpappenrest: silbern

Vorlagenbogen 1B

Blaue Karte mit Sternen

Fertigen Sie zunächst die beiden Dreiecke doppelt. Wie Ihnen das gelingt, erfahren Sie auf Seite 4 unten. Kleben Sie die Teile versetzt um die Karte herum. Fixieren Sie die Sterne. Mit einem Gelstift werden zuletzt frei Hand Spiralen auf die Karte gemalt.

Blaue Karte mit Stern

Binden Sie aus dem Band eine Schleife die mit dem pinkfarbenen Untergrund auf die Karte geklebt wird. Nun werden die ausgeschnittenen Sterne mit der Oberseite nach unten auf eine weiche Unterlage gelegt. Prägen Sie mit dem Prägestift ohne Vorlage ein einfaches Reiskornmuster in die Sterne. Kleben Sie die Sterne mithilfe von Abstandsband leicht versetzt auf die Karte. Zuletzt malen Sie mit einem Gelstift ein abstraktes Muster auf.

Material
- Künstlerkarton, A4: blau (Form C)
- Tonpapierrest: pink
- Metallfolienrest: silbern
- Chiffonband, 4 cm breit, 40 cm lang: blau
- Prägestift
- Handtuch oder andere weiche Unterlage

Vorlagenbogen 1B

Ganz klassisch

Weiße Karte mit Weihnachtskugeln

Fertigen Sie die beiden aufklappbaren Dreiecke an und kleben Sie diese auf. Wie Sie Motive doppelt zuschneiden können, erfahren Sie auf Seite 4. Kleben Sie die Kugeln und einige Sterne gemäß der Abbildung auf die Karte. Mit einem goldenen Gelstift werden die Schleifen aufgemalt.

Material
- Künstlerkarton, A4: weiß (Form C)
- Tonpapier, A5: rot, golden
- Tonpapierrest: grün
- Motivlocher, klein: Stern

Vorlagenbogen 2A

Material
- Naturpapier, A5: grün (Form A)
- Tonpapier, A5: golden
- Filzrest: rot, gelb, orange
- Motivlocher, klein: Stern
- Zierrandschere

Vorlagenbogen 2A

Grüne Karte mit Kerze

Schneiden Sie das Dreieck doppelt aus und kleben Sie es um die Karte herum. Beachten Sie dazu die Hinweise auf Seite 4. Kleben Sie die Filzkerze auf die Karte und darum herum viele ausgestanzte Sterne.

Rote Karte mit Tannen

Kleben Sie die unterste Tanne auf die Karte und fixieren Sie die beiden anderen mit etwas Abstandsband darüber. Kleben Sie die ausgestanzten Sterne auf und binden Sie eine Kordel um die Kartenmitte. Diese kann ein Einlegeblatt halten.

Material
- Naturpapier, A4: rot (Form D)
- Tonpapier, A5: grün, golden
- Kordel, ø 3 mm, 65 cm lang: grün
- Motivlocher, klein: Stern
- Zackenschere

Vorlagenbogen 2A

Gedichte und Geschenke

Karte mit Gedicht und Sternen

Kopieren Sie ein Gedicht auf rotes Tonpapier und reißen Sie dieses in Form der Karte aus. Kleben Sie das Papier auf ein ebenfalls in Form gerissenes Stück Architektenpapier. Mit vielen ausgestanzten Sternen, die zum Teil mit Abstandspads hervorgehoben sind, wird die Karte dekoriert.

Material
- Wellpappe, A4: natur (Form D)
- Tonpapier, A5: rot
- Tonpapierrest: grün, golden
- Architektenpapier, A5
- Motivlocher, groß und klein: Stern

Material
- Künstlerkarton, A4: weiß (Form D)
- Naturpapier, A5: natur
- Packpapier, A5: natur
- Tonpapierrest: grün, golden
- Paketkordel, ca. 30 cm lang: natur
- Flowerhair: golden
- Motivlocher, klein: Stern

Vorlagenbogen 2A

Weiße Karte mit Geldtüte

Fertigen Sie die Geldtüte nach der Anleitung auf dem Vorlagenbogen und bringen Sie die Tragegriffe an. Bekleben Sie die Karte mit dem ausgerissenen Naturpapier, fixieren Sie darauf die Tüte und dekorieren Sie alles mit kleinen Sternen. Zusammen mit etwas Flowerhair wird ein Geldgeschenk in die Tüte gesteckt.

Karte mit Stiefel und Geldschein

Reißen Sie das goldene Papier etwas in Form, zerknüllen Sie es und streichen Sie es vorsichtig wieder glatt. Kleben Sie das Goldpapier auf die Karte. Dann den Stiefel nur an der Außenkante fixieren und die Stulpe aufkleben. Zur Verzierung werden viele ausgestanzte Sterne aufgeklebt. In die Tüte kann ein gefalteter Geldschein gesteckt werden.

Material
- Wellpappe, A4: natur (Form C)
- Tonpapierrest: golden, weiß, grün
- Naturpapierrest: rot
- Motivlocher, klein: Stern

Vorlagenbogen 2A

Raffiniert gefaltet und geklebt
(Anleitung Seite 26/27)

Raffiniert gefaltet und geklebt

(siehe auch Seite 24/25)

Blaue Karte mit Stern

Fertigen Sie die Dreiecke doppelt wie auf Seite 4 beschrieben an und kleben Sie sie wie abgebildet auf die Karte. In die Mitte der aufklappbaren Dreiecke wird ein hellblauer Stern fixiert. Schneiden Sie den Stern nochmals aus der Wellpappe und befestigen Sie diesen gemäß der Abbildung an einem der Dreiecke. Fixieren Sie viele ausgestanzte Sterne darum herum. In die Karte kann ein Geldschein gesteckt werden.

Material
- Künstlerkarton, A4: weiß (Form C)
- Tonpapierrest: hellblau, silbern
- Transparentpapier, A4: blau
- 3D-Aluwellpappenrest: silbern
- Motivlocher, klein: Stern

Vorlagenbogen 2B

Material
- Wellpappe, A4: natur (Form B)
- Tonpapierrest: grün, golden, silbern
- Architektenpapier, A5
- Goldkordel, ø 3 mm, 40 cm lang

Vorlagenbogen 2B

Naturfarbene Karte mit Tanne

Reißen Sie aus dem Architektenpapier zwei etwa 9 cm x 12 cm große Stücke aus und kleben Sie diese versetzt übereinander auf die Karte. Wie Sie die Tanne in der Puzzletechnik fertigen, erfahren Sie auf Seite 4. Platzieren Sie die fertige Tanne auf der Karte und binden Sie die Goldkordel um die Mitte herum. Diese kann ein Einlegeblatt halten.

Gelbe Karte mit Schneeflocken

Schneiden Sie die beiden Dreiecke doppelt aus (siehe Seite 4) und kleben Sie diese wie abgebildet auf die Karte. Viele ausgestanzte Schneeflocken, die mal über, mal unter das Transparentpapier geklebt werden, lassen diese schlichte Karte sehr edel wirken.

Material
- Künstlerkarton, A4: weiß (Form D)
- Tonpapierrest: golden
- Transparentpapier, A3: gelb
- Motivlocher, groß: Schneeflocke

Vorlagenbogen 2B

Material
- Tonpapier, A4: dunkelrot, silbern
- Architektenpapier, A4

Vorlagenbogen 2B

Rote Karte mit Sternen

Falten Sie die Karte an den gestrichelten Linien und kleben Sie sie zusammen. Setzen Sie die beiden in Form gerissenen Streifen des Ton- und Architektenpapiers auf. Überstehende Ränder werden nach dem Trocknen mit der Schere begradigt. Der kleine silberne Stern wird mit Abstandsband auf den beiden größeren fixiert.

Quadratkarte in Grün

Schneiden Sie die Transparentpapierdreiecke doppelt zu (siehe Seite 4) und kleben Sie sie gemäß der Abbildung auf die Karte. Darum herum werden viele Goldsterne fixiert.

Material
- Künstlerkarton, A4: olivgrün (Form C)
- Tonpapierrest: golden
- Transparentpapierrest mit goldenen Sternen, A4
- dünne Paketkordel, 50 cm lang: natur
- Motivlocher, klein: Stern

Vorlagenbogen 2B

Kräftiges ganz natürlich

Karte mit blauem Stern

Schneiden Sie zunächst das Sizoflor etwas unregelmäßig aus und kleben Sie es auf die Karte. Der Stern besteht aus zwei Teilen mit jeweils sechs einzelnen Rauten. Schneiden Sie die Teile sorgfältig aus und fügen Sie den Stern gemäß der Abbildung zusammen. Beachten Sie hierzu auch die Hinweise zur Puzzletechnik auf Seite 4/5. Setzen Sie die beiden Goldsterne, von denen der oberste mit Abstandsband aufgeklebt wird, versetzt aufeinander in die Mitte. Mit der Kordel können Sie ein Einlegeblatt in der Karte fixieren.

Material
- Wellpappe, A4: natur (Form C)
- Tonpapierrest: drei Blautöne, golden
- Sizoflorrest: golden
- Kordel, ø 3 mm, 40 cm lang: blau

Vorlagenbogen 2A

Material
- Wellpappe, A5: natur (Form A)
- Tonpapier, A5: golden, orange
- Tonpapierrest: rot
- Motivlocher, groß: Stern

Vorlagenbogen 2A

Naturfarbene Karte mit Sternen

Kleben Sie die beiden doppelten Teile auf die Karte. Auf Seite 4 erfahren Sie, wie das Zuschneiden leicht gemacht wird. Mit vielen ausgestanzten Sternen wird die Karte dekoriert.

Karte mit Dreiecken und Sternen

Schneiden Sie zunächst das Sizoflor etwas unregelmäßig aus und kleben Sie es auf die Karte. Nun werden die Dreiecke an der unteren rechten Ecke eingeschnitten, damit Sie eines in das andere fügen können. Fixieren Sie die Teile wie abgebildet und schmücken Sie die Karte mit den Goldsternen.

Material
- Wellpappe, A4: natur (Form E)
- Tonpapier, A5: blau, grün
- Tonpapierrest: golden
- Sizoflor, A5: golden
- Motivlocher, groß: Stern

Vorlagenbogen 2A

Leuchtendes in Orange

Orangefarbene Karte mit Tanne und Noten

Reißen Sie das Naturpapier und das Notenpapier etwas in Form und kleben Sie beides auf die Karte. Wie die Tanne doppelt ausgeschnitten wird, erfahren Sie auf Seite 4. Platzieren Sie sie auf dem Notenblattausschnitt.

Material
- Künstlerkarton, A4: orange (Form C)
- Tonpapierrest: golden
- Naturpapierrest: rot
- Geschenkpapierrest mit Noten

Vorlagenbogen 2B

Tipp
Statt Geschenkpapier mit Noten können Sie auch Notenblattkopien verwenden. Schön vergilbt sehen diese aus, wenn Sie sie mit einem feuchten Beutel Schwarztee bestreichen. Nach dem Trocknen wie oben beschrieben reißen und aufkleben.

Material
- Naturpapier, A4: orange (Form C)
- Fotokartonrest: golden
- Tonpapierrest: creme
- Juterest: rot

Vorlagenbogen 2B

Karte in Orange mit Stern

Kopieren Sie zunächst den Text auf ein Stückchen cremefarbenes Tonpapier und fixieren Sie dieses hinter dem Ausschnitt des Sterns. Nun kann der Stern mit etwas Abstandsband in die Kartenmitte platziert werden. Diese bekleben Sie vorher mit dem Rest Jute.

Orangefarbene Karte mit Weihnachtsgruß

Kopieren Sie den Weihnachtsgruß auf das goldene Papier und reißen Sie dieses in Form. Kleben Sie es auf das ebenfalls ausgerissene rote Papier. Stechen Sie durch dieses die Zahnstocher, fixieren Sie die Perlen an den Enden und kleben Sie das Papier auf die Karte. Bemalen Sie die Sterne mit einem goldfarbenen Stift und kleben Sie beide versetzt übereinander auf. Kleine aufgeklebte Goldsterne runden die Karte ab.

Material
- Naturpapier, A4: orange (Form D)
- Naturpapier, A5: rot
- Tonpapierrest: golden
- Wellpapperest: natur
- 2 Zahnstocher
- 4 Holzperlen, ø 6 mm: natur
- Motivlocher, klein: Stern

Vorlagenbogen 2B

Schön gefaltet
(siehe auch Seite 1)

Weiß-grüne Karte mit Tanne

Legen Sie das grüne Tonpapier zur Hälfte, zeichnen Sie die Tanne auf und schneiden Sie diese sorgfältig mit der Schere oder dem Cutter aus. Die Tanne lässt sich nun zur Seite aufklappen. Kleben Sie jetzt das Papier mit der aufgeklappten Tanne auf die Karte und begradigen Sie überstehende Ränder nach dem Trocknen mit der Schere. Mit vielen Goldsternen wird diese raffinierte Karte verschönert.

Material
- Künstlerkarton, A4: weiß (Form A)
- Tonpapier, A5: grün
- Tonpapierrest: golden
- Motivlocher, klein: Stern

Vorlagenbogen 1A

Weiße Karte mit Silberstern

Bekleben Sie die gesamte Kartenvorderseite mit Sizoflor. Verwenden Sie den Klebstoff sparsam, damit nichts durch das dünne Netzgewebe durchscheint. Überstehende Ränder werden nach dem Trocknen mit der Schere begradigt. Nun können Sie den doppelten Silberstern in die Kartenmitte setzen. Wie Sie ihn doppelt zuschneiden, erfahren Sie auf Seite 4. Kleben Sie beide Teile direkt aneinander auf die Karte.

Material
- Künstlerkarton, A4: weiß (Form C)
- Tonpapier, A4: silbern
- Sizoflor, A5: dunkelblau

Vorlagenbogen 1A

Weiße Karte mit Ornamenten

Schneiden Sie das rote und das goldene Ornament je dreimal doppelt aus (siehe Seite 4). Reißen Sie aus Faserseide zwei ca. 8 cm x 10 cm große Stücke und kleben Sie diese auf die Karte. Je ein goldenes und rotes einzeln geschnittenes Ornament wird an der Außenkante etwas verborgen unter der Faserseide platziert. Nun werden die doppelten Ornamente wie abgebildet aneinander gesetzt und viele ausgestanzte Sterne aufgeklebt.

Material
- Künstlerkarton, A4: weiß (Form E)
- Tonpapier, A5: rot, golden
- Faserseide, A5: weiß
- Motivlocher, klein: Stern

Vorlagenbogen 1A